LAS PARTES DE UNA PLANTA

SEMILLAS

Un libro de Las Raíces de Crabtree

ALICIA RODRIGUEZ

Traducción de Pablo de la Vega

CRABTREE
Publishing Company
www.crabtreebooks.com

Apoyos de la escuela a los hogares para cuidadores y maestros

Este libro ayuda a los niños en su desarrollo al permitirles practicar la lectura. Abajo están algunas preguntas guía para ayudar al lector a fortalecer sus habilidades de comprensión. En rojo hay algunas opciones de respuesta.

Antes de leer:

- ¿De qué pienso que trata este libro?
  - *Este libro es sobre las semillas.*
  - *Este libro es sobre cómo son las semillas.*
- ¿Qué quiero aprender sobre este tema?
  - *Quiero aprender qué es una semilla.*
  - *Quiero aprender cómo es una semilla.*

Durante la lectura:

- Me pregunto por qué...
  - *Me pregunto por qué algunas semillas necesitan tierra.*
  - *Me pregunto por qué algunas semillas son pequeñas.*
- ¿Qué he aprendido hasta ahora?
  - *Aprendí que las semillas pueden ser grandes.*
  - *Aprendí que las semillas necesitan agua.*

Después de leer:

- ¿Qué detalles aprendí de este tema?
  - *Aprendí que las semillas pueden ser de diferentes tamaños.*
  - *Aprendí que no todas las semillas necesitan tierra.*
- Lee el libro una vez más y busca las palabras del vocabulario.
  - *Veo las palabras **luz del Sol** en la página 8 y la palabra **tierra** en la página 10. Las demás palabras del vocabulario están en la página 14.*

Esta es una **semilla**.

Algunas semillas
son grandes.

Algunas semillas
son pequeñas.

La mayoría de las semillas necesitan de la **luz del Sol**.

La mayoría
de las semillas
necesitan **tierra**.

Todas las semillas
necesitan agua.

Lista de palabras

Palabras de uso común

algunas	esta	son
de	la	una
es	las	

Palabras para conocer

luz del Sol   **semilla**   **tierra**

35 palabras

Esta es una **semilla**.

Algunas semillas son grandes.

Algunas semillas son pequeñas.

La mayoría de las semillas necesitan de la **luz del Sol**.

La mayoría de las semillas necesitan **tierra**.

Todas las semillas necesitan agua.

CRABTREE
Publishing Company

LAS PARTES DE UNA PLANTA
SEMILLAS

Written by: Alicia Rodriguez
Designed by: Rhea Wallace
Series Development: James Earley
Proofreader: Ellen Rodger
Educational Consultant: Marie Lemke M.Ed.
Translation to Spanish: Pablo de la Vega
Spanish-language lay-out and proofread: Base Tres

Photographs:
Shutterstock: SingKham: cover; Joaquin CorbaianP:
    p. 1; menic183: p. 3, 14; Ir.S: p. 5; Dipak Shelare: p.
    7; teerayuth oanwong: p. 8, 14; DibasUA: p. 11, 14;
    amenic181: p. 12

Library and Archives Canada Cataloguing in Publication

Title: Semillas / Alicia Rodriguez.
Other titles: Seeds. Spanish
Names: Rodriguez, Alicia (Children's author), author. | Vega, Pablo
    de la, translator.
Description: Series statement: Las partes de una planta |
    Translation of: Seeds. | Translation to Spanish: Pablo de la
    Vega. | "Un libro de las raíces de Crabtree". | Text in Spanish.
Identifiers: Canadiana (print) 20210210095 |
    Canadiana (ebook) 20210210109 |
    ISBN 9781427140982 (hardcover) |
    ISBN 9781427141040 (softcover) |
    ISBN 9781427140869 (HTML) |
    ISBN 9781427140920 (EPUB) |
    ISBN 9781427141101 (read-along ebook)
Subjects: LCSH: Seeds—Juvenile literature.
Classification: LCC QK661 .R6318 2022 | DDC j575.6/8—dc23

Library of Congress Cataloging-in-Publication Data

Names: Rodriguez, Alicia (Children's author), author.
Title: Semillas / Alicia Rodriguez.
Other titles: Seeds. Spanish
Description: New York, NY : Crabtree Publishing, [2022] | Series: Las partes de
    una planta- un libro de las raíces de Crabtree | Includes index.
Identifiers: LCCN 2021020245 (print) | LCCN 2021020246 (ebook) |
    ISBN 9781427140982 (hardcover) |
    ISBN 9781427141040 (paperback) |
    ISBN 9781427140869 (ebook) |
    ISBN 9781427140920 (epub) |
    ISBN 9781427141101
Subjects: LCSH: Seeds--Juvenile literature. | Plants--Juvenile literature.
Classification: LCC QK661 .R63418 2022 (print) | LCC QK661 (ebook) |
    DDC 581.4/67--dc23
LC record available at https://lccn.loc.gov/2021020245
LC ebook record available at https://lccn.loc.gov/2021020246

Crabtree Publishing Company

www.crabtreebooks.com   1-800-387-7650

Printed in the U.S.A./062021/CG20210401

Published in the United States
Crabtree Publishing
347 Fifth Avenue, Suite 1402-145
New York, NY, 10016

Published in Canada
Crabtree Publishing
616 Welland Ave.
St. Catharines, Ontario L2M 5V6